AF358184

CATALOGUE

DES

OBJETS DE VITRINE

BONBONNIÈRES

En ancienne porcelaine tendre

DE MENNECY, CHANTILLY, SAINT-CLOUD, ETC.

OBJETS DIVERS

*Composant la Collection de Madame X****

ET DONT LA VENTE AURA LIEU

HOTEL DROUOT, SALLE N° 7

LE LUNDI 27 MARS 1905

à deux heures

COMMISSAIRE-PRISEUR	EXPERTS
Mᵉ PAUL CHEVALLIER	**MM. MANNHEIM**
10, rue Grange-Batelière	7, rue Saint-Georges

EXPOSITION PUBLIQUE

Le Dimanche 26 Mars 1905, de 1 h. 1/2 à 5 h. 1/2

CONDITIONS DE LA VENTE

Elle sera faite au comptant.

Les acquéreurs paieront *dix pour cent* en sus des prix d'adjudication.

Paris. — Imp. de l'Art, E. Moreau et Cie, 41, rue de la Victoire.

DÉSIGNATION

BOITES

1 — Boîte rectangulaire en ancienne porcelaine tendre de Mennecy : fleurs, sur fond simulant l'osier ; bouquet de fleurs au revers du couvercle.

2 — Boîte oblongue en ancienne porcelaine tendre de Mennecy : fleurs, sur fond gravé à vannerie.

3 — Boîte ovale en ancienne porcelaine tendre de Mennecy, simulant une corbeille, décorée de fleurs en relief.

4 — Boite ovale en ancienne porcelaine tendre de Mennecy : fleurs en relief, fond imitant l'osier ; revers du couvercle également à fleurs.

5 — Boîte ovale en ancienne porcelaine tendre de Mennecy, simulant une corbeille, décor de fleurs ; revers du couvercle orné de fleurs également.

195

6 — Boîte rectangulaire en ancienne porcelaine tendre de Mennecy : fleurs, sur fond gaufré à vannerie; fleurs également au revers du couvercle.

240

7 — Boîte en ancienne porcelaine tendre de Mennecy, simulant une commode, décor de fleurs.

315

8 — Boîte rectangulaire en ancienne porcelaine tendre de Mennecy : fleurs, sur fond gaufré simulant la vannerie; au revers du couvercle, des oiseaux et des arbustes.

235

9 — Boîte rectangulaire en ancienne porcelaine tendre de Mennecy : fond gaufré à vannerie, décor de fleurs, avec réserves à fond jaune.

200

10 — Boîte en ancienne porcelaine tendre de Mennecy, en forme de poule; fleurs à l'intérieur.

185

11 — Boîte en ancienne porcelaine tendre de Mennecy : Lion et lionceau.

335

12 — Boîte ovale en ancienne porcelaine tendre de Mennecy; sur le couvercle : Berger et son chien. Fleurs à l'intérieur.

305

13 — Boîte ovale en ancienne porcelaine tendre de Mennecy, ornée d'un groupe de deux chiens; couvercle décoré de fleurs.

14 — Boîte en ancienne porcelaine tendre de
Mennecy, formée d'une figurine de femme
accompagnée d'un chien; monture en or, à
charnière.

15 — Boîte oblongue en ancienne porcelaine
tendre de Mennecy, réserves contenant une
figure et des fleurs, sur fond simulant la
vannerie.

16 — Boîte ovale en ancienne porcelaine tendre
de Mennecy, en forme de corbeille, décorée
de fleurs, avec bordures bleues.

17 — Boîte ovale en ancienne porcelaine tendre
de Mennecy, décorée, sur toutes les faces,
de scènes champêtres dans la manière de
Teniers.

18 — Boîte en ancienne porcelaine tendre de
Mennecy, simulant une commode et décorée
de fleurs.

19 — Boîte en ancienne porcelaine tendre de
Mennecy : Poule et ses poussins; fleurs inté-
rieurement.

20 — Boîte en ancienne porcelaine tendre de
Mennecy, en forme de noix.

21 — Boîte, même porcelaine, en forme de
biche.

22 — Boîte, même porcelaine, en forme de chien
couché.

23 — Boîte en ancienne porcelaine tendre de
Mennecy, en forme de paysanne étendue.

24 — Boîte, en forme de hure de sanglier, en ancienne porcelaine tendre de Mennecy.

25 — Boîte en ancienne porcelaine tendre de
Mennecy, simulant un soldat vu à mi-corps.

26 — Boîte, en forme de melon, décorée intérieu-
rement de fleurs et d'un insecte. Ancienne
porcelaine tendre de Mennecy.

27 — Boîte, en forme de soulier. Ancienne porcelaine tendre de Mennecy : décor de fleurs.

28 — Autre, plus petite, même porcelaine, avec
fleurs en relief.

29 — Autre, plus petite, même porcelaine.

30 — Flacon forme tulipe en ancienne porcelaine tendre de Mennecy.

31 — Flacon, en forme de mule, en ancienne porcelaine tendre de Mennecy : fleurs sur fond
jaune, talon rouge.

32 — Boîte ovale en ancienne porcelaine tendre
de Chantilly : fleurs et oiseaux.

33 — Boîte, de forme contournée, en ancienne porcelaine tendre de Chantilly : jeux d'enfants, de style chinois.

34 — Boîte, de forme contournée, en ancienne porcelaine tendre de Chantilly : personnages et fleurs, de style chinois.

35 — Autre analogue, même porcelaine.

36 — Autre analogue, mais plus grande. Même porcelaine.

37 — Boîte, en forme de buffle, en ancienne porcelaine tendre de Chantilly.

38 — Boîte, en forme de chat, décor de fleurs en relief. Ancienne porcelaine tendre de Chantilly.

39 — Boîte, en forme de perruche, en ancienne porcelaine tendre de Chantilly.

40 — Boîte, en forme de cygne, en ancienne porcelaine tendre de Chantilly.

41 — Boîte, en forme d'agneau, en ancienne porcelaine tendre de Chantilly : décor de personnages et fleurs, de style chinois.

42 — Boîte, en forme de grenouille, en ancienne porcelaine tendre de Chantilly, décor de style chinois ; monture ancienne en argent.

43 — Boîte, en forme de chien, décor de style chinois. Ancienne porcelaine tendre de Chantilly.

44 — Boîte, en forme de figurine de berger étendu, décor de fleurs. Ancienne porcelaine tendre de Chantilly.

45 — Boîte, en forme de figurine d'Oriental étendu. Ancienne porcelaine tendre de Chantilly.

46 — Boîte, en forme de figurine de pèlerin couché en ancienne porcelaine tendre de Chantilly.

47 — Boîte, en forme de figurine d'Oriental en prière. Ancienne porcelaine tendre de Chantilly.

48 — Boîte, de forme contournée, en ancienne porcelaine tendre de Chantilly, décorée d'Orientaux, en couleurs, au milieu de rocailles gaufrées.

49 — Boîte, à bords festonnés, en ancienne porcelaine tendre de Chantilly : Orientaux et fleurs au milieu de rocailles gaufrées.

50 — Grande boîte rectangulaire en ancienne porcelaine tendre de Chantilly, décorée de paysages et de fleurs sur toutes les faces.

51 — Boîte ovale en ancienne porcelaine tendre de Chantilly, décorée d'une marine, avec sujet galant au revers du couvercle.

52 — Boîte ronde en ancienne porcelaine tendre de Chantilly, décor en couleurs et or : marines et paysages animés, extérieurement et au revers du couvercle.

53 — Drageoir en ancienne porcelaine tendre de Chantilly : personnages et fleurs, de style chinois, sur fond bleu et jaune. Revers du couvercle également orné.

54 — Boîte, en forme de chat, avec fleurs en relief, en ancienne porcelaine tendre de Saint-Cloud.

55 — Boîte de forme contournée, avec fleurs en relief ; ancienne porcelaine tendre blanche de Saint-Cloud.

56 — Boîte, en forme de commode, en ancienne porcelaine tendre blanche de Saint-Cloud.

57 — Petite boîte en ancienne porcelaine tendre blanche de Saint-Cloud, formée d'une figure de personnage accroupi.

58 — Boîte lenticulaire en ancienne porcelaine tendre de Saint-Cloud, décorée d'un personnage oriental, d'animaux et de motifs variés en émaux roses, bleus et verts, et dorure à reliefs.

59 — Boîte oblongue en ancienne porcelaine tendre de Vincennes, à décor de fleurs ; monture à charnière en or à rocailles, avec devises sur fond émaillé blanc : « *Rien n'est trop bon pour ce qu'on aime* ».

60 — Etui, en forme de carquois, en ancienne porcelaine tendre française, à décor de guirlandes et couronnes de feuilles et de fleurs en bleu, vert et ocre jaune.

61 — Boîte, de forme contournée, en ancienne porcelaine de Venise : personnages et rocailles. Au revers du couvercle, des fleurs.

62 — Boîte ovale en ancienne porcelaine de Capo-di-Monte : le sanglier de Calydon. Pourtour à entrelacs et coquilles. Au revers du couvercle, sujet mythologique.

63 — Boîte ronde en ancienne porcelaine de Buen-Retiro, à décor de paysages animés. A l'intérieur, figure de Cléopâtre.

OBJETS DIVERS

64 — Deux petites corbeilles ovales ajourées en ancienne porcelaine de Fürstenberg, à décor de fleurs et rocailles.

65 — Médaillon rond, décoré de fleurs, en ancienne porcelaine tendre de Vincennes.

66 — Petit groupe en porcelaine tendre du xviiie siècle : sujet galant.

67 — Deux figurines en ancien biscuit tendre de Sèvres : fillette et jeune garçon debout.

68 — Pendule en biscuit, du temps de Louis XVI, composée d'une statuette de fillette donnant à manger à un coq.

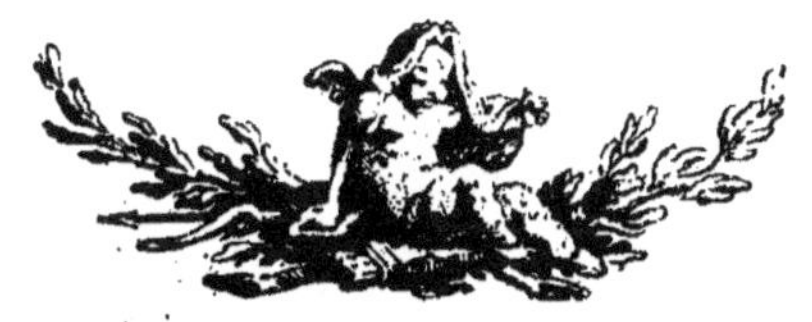

www.ingramcontent.com/pod-product-compliance
Lightning Source LLC
LaVergne TN
LVHW010848180726
843502LV00009B/3766

9782329518558